AF249470

LA COMÈTE

OU

LA FIN DU MONDE

PROPHÉTIE EN UN ACTE, MÊLÉE DE COUPLETS

PAR

ACHILLE MONROSIER ET L. DE NEUVILLE

REPRÉSENTÉE POUR LA PREMIÈRE FOIS, SUR LE THÉATRE BEAUMARCHAIS, LE 27 MARS 1857.

PERSONNAGES.

CRÉDULE, comique grime	MM. Astruc.	DUCORDON, deuxième comique.	M. Mericot,
PAUL, premier amoureux	Wertimberg.	JULIE, ingénuité	MMlle Marie Dalby.
CÉSAR, rôle de genre	Tonnin.	FINETTE, soubrette	Abigaïl.

La scène se passe à Paris, en 1857.

Le théâtre représente l'intérieur d'un salon bourgeois.
— Portes au fond, portes à droite et à gauche au premier plan ; au deuxième plan, à droite, une cheminée garnie ; fenêtre en face. — Meubles de salon, divan, fauteuils, chaises, etc., etc. — Sur le devant de la scène, guéridon, couvert de journaux.

SCÈNE PREMIÈRE.

JULIE, FINETTE. (Elles entrent par la droite.)

FINETTE. Quand je vous dis, mademoiselle, que votre père ne cédera pas ; vous aurez beau le prier, il sera sourd ; monsieur Paul est sans fortune, il n'a que ses espérances d'auteur, et par le temps qui court... Dieu sait ce que cela vaut !... tandis que monsieur César... Oh ! monsieur César... C'est, comme dit votre père, un futur millionnaire ; il spécule sur tout. Enfin aujourd'hui même il doit venir pour s'entendre sur les dernières conditions de votre mariage.

JULIE. De mon mariage !... Mais je ne veux pas épouser monsieur César, il ne me plaît pas ; il parle toujours argent ; et... plutôt que d'être à ce vilain sac d'écus, je... Mais voyons, Finette, ne sais-tu aucun moyen ? cherche bien, ma chère Finette, Paul est si gentil !

FINETTE ; elle contrefait les derniers mots de Julie. Paul est si gentil, si aimable !... Ah ! que c'est ça ! Eh bien ! que voulez-vous que j'y fasse ?... Ah !... une idée ; oui... si vous, monsieur Paul et Ducordon le portier, vous me secondez ; peut-être bien ; mais... pas aujourd'hui, car monsieur est si maussade depuis la déconfiture de cette fameuse société ; comment donc qu'il appelle ça ?... Ah ! oui, je me rappelle : l'entreprise pour la construction des maisons et hôtels en caoutchouc... En v'là une idée ! des maisons en caoutchouc !... après ça, c'est la mode.

Air : Mon galoubet.

En caoutchouc ! (bis)
Aujourd'hui l'on s'met à tout faire.
Le caoutchouc (bis)
Nous mènera je ne sais où !
D'un mari l'humeur débonnaire,
La conscience d'une portière :
En caoutchouc ! (4 fois)

FINETTE.

(Même air)

En caoutchouc ! (bis)
Est l'amour d'une jeune fille !
En caoutchouc (bis)
Des amoureux est le genou.
L'amitié dans sa famille,
Et la vertu dans un quadrille :
En caoutchouc ! (4 fois.)

Mais je bavarde là, et nous avons bien autre chose à faire ; voyons d'abord si monsieur a ses journaux, ensuite nous penserons à mon projet.

JULIE. Mais, Finette, songe que c'est aujourd'hui même que mon père veut décider mon mariage... Ah !... si Paul venait seulement à notre secours !... (On entend du bruit au dehors.) Quel est ce bruit ?... Monsieur César, sans doute ? Je me sauve, Finette ; reçois-le d'importance. (Elle sort par la gauche.)

SCÈNE II.

FINETTE, PAUL. (Il arrive par le fond au moment où Julie sort.)

FINETTE. Tiens... C'est monsieur Paul... Vous arrivez trop tard, ou... trop tôt, c'est selon. Trop tard, car mademoiselle sort d'ici ; trop tôt pour apprendre la fatale résolution de son père.

PAUL. Il est donc vrai, Finette !... Monsieur Crédule me repousse toujours ?

FINETTE. Plus que jamais. Que voulez-vous ? il dit que vous n'avez rien, absolument rien, pas même une action de l'entreprise des maisons en caoutchouc... et vous savez que pour lui plaire il faut faire comme lui, donner dans tous les panneaux ; il faut gagner de l'argent, spéculer.

PAUL. Spéculer... spéculer... toujours cette fièvre, cette monomanie ; on ne voit, on n'entend que cela partout ; entre-t-on dans un salon ? au lieu du salut d'usage, on parle finances ; au lieu de dire : Comment vous portez-vous ? on demande : Comment vont les Docks, les Lyon, les Nord, les Est, les Paquebots ; c'est un jargon aussi barbare qu'insupportable, (à part) pour un homme qui n'a pas le sou !... Mais voyons, Finette, est-il vrai que ce monsieur César soit un de ces effrénés et heureux spéculateurs, et que, grâce à sa chance, il soit devenu riche tout à coup ?

FINETTE. Hélas !... oui, et voilà ce qui le pose si bien dans l'esprit de monsieur Crédule.

PAUL. Et voilà mon rival !... Que faire pour l'éconduire ?... car, je te l'assure, il n'épousera pas Julie, je le tuerais plutôt... Mais il faut nous hâter ! J'ai une idée ; il faut me seconder. Écoutez-moi, Finette, je crois qu'il est facile de faire croire tout ce que l'on veut à monsieur Crédule ?

FINETTE. A peu près, car il justifie bien son nom... Mais chut !... je l'entends, sortez par ici. (Elle lui indique la droite).

PAUL. Attendez ! Placez ce journal parmi les siens, c'est le commencement de notre conspiration. Il faudra ensuite mettre Ducordon, le portier, dans nos intérêts ?

FINETTE. Pourquoi faire ?

PAUL. Je vous le dirai. Faites ce que je vous dis ! Au revoir et merci ! (Il sort par la gauche.)

SCÈNE III.

CRÉDULE, FINETTE.

CRÉDULE, entrant par le fond et à la cantonnade. Non, Ducordon, je n'entendrai jamais raison à ce sujet ; allez ! faites ce que je vous ai dit. (Il descend la scène.) Ah ! ah ! mes journaux sont arrivés ! C'est ma pâture journalière ! Voyons donc le Constitutionnel. (Il le parcourt.) Rien de nouveau ! — La Presse... Pas de nouvelles ! Tiens, tiens ! un assassinat en plein jour... c'est un canard ! Un suicide par amour... c'est une bêtise ! Un incendie par les allumettes chimiques... c'est une imprudence ! Un phénomène : un enfant qui est né avec une trompe d'éléphant ! Bah ! c'est le journal qui se trompe ! (Jetant le journal.) Allons, allons, le monde n'est pas encore changé ! (Prenant un autre journal.) Quel est donc ce nouveau journal ?... Le Folichon... singulier titre ! Je ne l'ai pas encore vu... Lisons... Ah !... Nouvelles étrangères. (Lisant.) On écrit de Crackfurth : « Monsieur Chouk-

croth, savant astronome allemand, annonce que... la fin du monde... » (Parlant.) Hein, c'est écrit : (Lisant.) «Est irrévocablement fixée au 13 juin 1857, sans aucune remise. » (Parlant.) Le 13 juin !!! J'ai des échéances le quinze. (Reprenant sa lecture.) « Ce jour-là, il ne gèlera pas, au contraire ; Paris sera une vaste poêle à frire, la mer un immense chaudron à matelotte ; toute la terre entrera en fusion, et, par ce moyen, le véritable remède contre les engelures sera enfin trouvé. » (Parlant.) Quelle affreuse nouvelle ! (Lisant toujours.) « Rien ne résistera au feu. » (Parlant.) Mais allons jusqu'au bout. (Reprenant.) « Chacun est prévenu, pour que ceux qui n'ont pas la conscience nette se préparent à une bonne fin. » Ouf !... voilà qui est clair... Mon Dieu, mon Dieu ! que devenir ?... (Il appelle.) Julie !... Finette !...

SCÈNE IV.

CRÉDULE, JULIE, FINETTE.

JULIE et FINETTE, entrant. Nous voilà, nous voilà ; qu'avez-vous donc ?

CRÉDULE. Ce que j'ai, ce que j'ai ? vous en parlez à votre aise et me semblez bien tranquilles ; dites-moi, qui a mis ce journal parmi les miens ?

JULIE. Je l'ignore, mon père.

CRÉDULE, à Finette. Et toi, le sais-tu ?

FINETTE. Moi ?... non... Qu'est-ce donc que ce journal ? vous avez l'air tout bouleversé.

CRÉDULE. Ce que c'est, malheureuse !... lis !

FINETTE, lisant. Le Folichon. (Riant.) Ah ! ah ! ah ! le drôle de nom ! et c'est lui qui vous fait cette figure effrayée ? (Bas à Julie.) C'est le journal de monsieur Paul.

CRÉDULE. Lis, te dis-je !

FINETTE, lisant lentement. La fin du monde est fixée au 13 juin 1857... Ah ! mon Dieu ! v'là que je ne ris plus. C'est donc ça que la mère Robinet, la femme du fontainier d'en bas, pleure comme une fontaine. Et moi qui ne voulais pas le croire ! La fin du monde !... Mais c'est effrayant ; qu'allons-nous devenir ?

JULIE. Oui, mon père, qu'allons-nous devenir ?

CRÉDULE, gravement. Ce que nous allons devenir ?... tout, d'abord ;... puis... rien.

AIR : Restez, restez, troupe jolie !

JULIE.

Oh ! c'est affreux !

CRÉDULE.

Épouvantable !

JULIE.

Mais enfin ne pourrait-on pas
De cette comète effroyable
Prévenir les nombreux dégâts,
La fair' retourner sur ses pas ?
Si, pour dissiper nos alarmes,
On l'empêchait de nous heurter ?

CRÉDULE.

Eh bien! trouve-moi des gendarmes }
Qui se chargent de l'arrêter! } *bis*

FINETTE, *à part à Julie.* Ça prend. (*Haut.*) Oui, mademoiselle, trouvez-en qui... et pourtant, monsieur Crédule, c'est un peu dur de penser qu'il faut s'en aller sitôt et rester fille jusque-là ; car enfin nous ne pourrons plus nous marier.

JULIE. C'est très-vrai, mon père, et vous pouvez remercier votre monsieur César.

CRÉDULE. Tu en sembles contente ?

JULIE. Moi? au contraire; et je trouve, comme vous, mon père, qu'ayant si peu de temps à vivre, il est parfaitement inutile de m'embarrasser d'un mari.

FINETTE. Oui, monsieur, nous ne voulons pas nous embarrasser d'un mari jusqu'à la fin du monde.

CRÉDULE. Assez, mesdemoiselles, assez!... toujours ce vilain mot; laissez-moi et m'envoyez Ducordon, le concierge. (*Elles sortent par le fond.*)

SCÈNE V.

CRÉDULE, seul.

Après tout, cela n'est peut-être qu'une affreuse plaisanterie dans le genre de celles de ce polisson de *Charivari*, lequel se plaît à tourner en ridicule les honnêtes bourgeois de mon espèce. (*Allant vers le fond.*) Mais j'entends Ducordon; c'est un esprit fort dans son genre; ce n'est pas un portier, c'est un concierge! Voyons s'il a connaissance...

SCÈNE VI.

CRÉDULE, DUCORDON.

DUCORDON. Vous m'avez fait demander, monsieur? c'est sans doute pour savoir si j'ai exécuté vos ordres au sujet de... vous savez bien? C'est fait! Tout est en règle, parce qu'enfin, voyez-vous, monsieur, on ne sait qui vit ni qui meurt.

CRÉDULE, *à part.* Encore un qui parle de mort; ils me rendront fou. (*Haut.*) Vous avez bien fait. C'est-à-dire... non...si... non; je ne sais plus ce que je dis... Enfin, ce n'est pas pour cela que je vous ai fait appeler. Dites-moi, connaissez-vous la nouvelle? Cette comète...

DUCORDON. N'est que trop vraie, monsieur; tout le monde en parle.

CRÉDULE. Et vous ne m'en disiez rien...

DUCORCON. Je ne voulais pas vous effrayer; ce n'est pas que vous soyez poltron, au contraire; mais, voyez-vous, il n'est pas agréable de penser qu'on peut, d'un moment à l'autre, passer à l'état de merlan frit ou de turbot au bleu.

CRÉDULE. Ainsi tout le monde sait cette fatale nouvelle?

DUCORDON. Hélas! oui... et déjà elle a produit les effets les plus graves et les plus bizarres à la fois.

AIR *de l'Apothicaire.*

Les spéculateurs ne vont plus
A la bourse pour leurs affaires;
Tous les marchands sont convenus
De n'être pas toujours sincères;
Les avocats plaident pour rien
Et n'ont plus leur vive faconde;...
Ainsi, monsieur, vous voyez bien }
Que c'est vraiment la fin du monde! } *bis.*

CRÉDULE. En vérité !

MÊME AIR.

DUCORDON.

Ce n'est pas tout : les médecins
Ne veulent plus tuer personne ;
On boit chez les marchands de vins
L'onde pure de la Garonne.
Les journaux se vendent pour rien;
Pas un seul ne blâme et ne fronde!...
Ainsi, monsieur, vous voyez bien }
Que c'est vraiment la fin du monde! } *bis.*

CRÉDULE. Je n'en puis plus douter, et je le reconnais à tous les signes dont vous me parlez; le monde est bien près de finir... Mais qui vient nous déranger?

SCÈNE VII.

LES MÊMES, CÉSAR.

DUCORDON, *entr'ouvrant la porte.* Tiens, c'est monsieur César!

CRÉDULE. Venez, cher monsieur, me rassurer un peu, car j'en ai grand besoin. Savez-vous la grande nouvelle?

CÉSAR. Quelle nouvelle ?

CRÉDULE. La fin du monde, pardieu!

CÉSAR. La fin du monde!... Qu'est-ce que cela peut me faire à moi, la fin du monde? je la défie; elle viendrait que je ne m'en apercevrais pas, tant je suis occupé! Mais, à propos vous savez, monsieur Crédule, que je compte sur la dot de ma future pour cette affaire... Il faut donc terminer aujourd'hui même, car demain je dois engager ma parole, ou sinon tout est manqué.

CRÉDULE, *hésitant.* Hé! hé!... maintenant j'ai des doutes, des scrupules, et je ne veux pas m'engager avant le fatal 13 juin.

CÉSAR, *dédaigneux.* Le 13 juin!... mais vous êtes fou. Avant cette époque, je serai millionnaire... ou ruiné : millionnaire, si j'ai la dot de Julie; ruiné, si je ne l'ai pas. Voyons, décidez-vous et chassez de vaines terreurs, bonnes tout au plus à effrayer des portiers et des cuisinières.

DUCORDON, *courroucé*. Monsieur! des portiers ne sont pas plus poltrons que... que ceux qui le sont autant qu'eux.

CRÉDULE. C'est bien, Ducordon; laissez-nous. (*Ducordon sort.*)

SCÈNE VIII.

CRÉDULE, CÉSAR.

CÉSAR. Enfin, monsieur, terminons-nous?

CRÉDULE. Je vous l'ai dit, pas avant le..... Vous savez bien; maudite date!.....

CÉSAR. C'est trop fort, et j'en appellerai à mademoiselle Julie..... Ah! justement, la voici.

SCÈNE IX.

CRÉDULE, JULIE, CÉSAR.

CÉSAR, *à Julie qui entre par la droite*. Voyons, mademoiselle Julie, avez-vous peur aussi de la fin du monde?

JULIE. Moi, monsieur, une peur affreuse, et je vous déclare que je ne veux pas me marier pour si peu de temps.

CÉSAR. Mais c'est de la folie!..... Qui a pu vous mettre en tête de pareilles idées?

JULIE. Folie tant que vous voudrez, mais je vous dis que je ne veux pas, et je pense que mon père.....

CRÉDULE. Certainement, certainement.... Cependant..... si, comme vous me le dites, cette affaire est si belle et qu'on y puisse gagner..... beaucoup d'argent..... d'ici au..... maudite date!..... ce serait encore ça de pris.

JULIE. Mais pourquoi faire, mon père?

CRÉDULE. Qui sait?..... tous ces bruits sont peut-être faux, et ce serait folie aussi de sacrifier un présent sûr pour un avenir incertain.

CÉSAR. Et vous avez raison; terminons notre affaire, et puis après..... ma foi, comme on dit: après nous, la fin du monde.

CRÉDULE. Encore!..... Maudit homme, il me fait venir la chair de poule. Ne parlons plus de cela, je vous en prie.

SCÈNE X.

LES MÊMES, et PAUL, *qui entre sur les derniers mots de Crédule; il doit avoir l'air consterné.*

PAUL. Salut, messieurs; bonjour, mademoiselle Julie.

CRÉDULE. Mais, c'est monsieur Paul. Bon Dieu, qu'il a l'air drôle! Est-ce que ce serait aussi la fin..... Pensée affreuse, elle ne me quitte pas. (*A Paul.*) Voyons, mon ami, pourquoi cette figure triste et abattue?

CÉSAR, *à part*. C'est sans doute mon mariage! Voilà un rival peu à craindre; un auteur qui n'a jamais été joué.

PAUL. On serait triste à moins..... Figurez-vous que Paris..... Oh! ne sortez pas, je vous en prie, un tel spectacle vous ferait mourir même avant..... Figurez-vous, dis-je, que Paris n'est plus qu'un immense bal, avec restaurant; on ne fait que boire et manger; puis on danse pour se remettre en appétit; quand on est fatigué, on remange pour se reposer.....

AIR *de Kettly.*

On danse partout,
Tant la terreur est générale ;
Tout l'monde a l'air fou,
Les rich's comm' ceux qui n'ont pas l'sou ;
La cervelle boût
Quand on songe à l'époque fatale
Et pour s'étourdir
Chacun se donne du plaisir !
Les cabaretiers
Ne peuvent suffire aux pratiques,
Et les cafetiers
Mett'nt des tabl's dans leurs escaliers ;
Tous les boutiquiers
En restaurants chang'nt leurs boutiques;
On mange et l'on boit,
Personn' ne veut rester chez soi !
Chaque bal public
Est rempli d'une foule étrange,
Car le pronostic
A chacun donn' un drôl' de tic;
L'eau d' vie de Dantzic
Se boit en mordant une orange ;
Le punch flamboyant
A chaqu' coin d'ru' s'aval' brûlant !
Il faut voir encor
Danser cette foule pressée,
Qui, dans son essor,
A pleines mains gaspille l'or ;
Pas un seul mentor
N'arrête leur fougue insensée,
Et jeunes et vieux
Se bousculent à qui mieux mieux.

REPRISE DU REFRAIN :

On danse partout... etc...

CRÉDULE. Eh bien! qu'y a-t-il là de si triste?

PAUL. Ce qu'il y a?..... Abomination de la désolation..... Ce qu'il y a?.... Tous ces gens ont le vertige, ils jouent leur reste, et encore, du train dont ils y vont, il y en a beaucoup qui n'en auront pas assez jusqu'au treize juin.

CRÉDULE. Encore cette date!....

PAUL. Ce n'est pas tout; d'autres, plus égarés..... ou plus raisonnables, cherchent dans l'ivresse le moyen de s'étourdir et ne pas voir le moment fatal. Vous savez, monsieur Boileau, votre ami, le voisin d'en face; il ne dégrise pas, lui qui ne buvait que de la boisson parisienne ou du coco..... c'est à faire frémir les plus intrépides !

CÉSAR. Trêve de sornettes, monsieur ! les gens qui n'ont pas le sou dans leur poche, sont je le vois, faciles à effrayer.

PAUL. Pas le sou en poche ! Mais, vous-même.....

CÉSAR. Oh ! moi, je ne crains rien; d'ailleurs, toutes mes valeurs sont en sûreté.

PAUL. Oui, dans les mains d'un certain Dureport, qui, sous prétexte qu'il y a danger en France, a pris le chemin de la Belgique.

CÉSAR, *effrayé.* Dureport !..... impossible..... Cependant..... mais allons savoir ce qu'il en est..... monsieur..... si, comme je le pense, vous nous contez des..... suffit, nous nous reverrons. (*Il sort par le fond.*)

SCÈNE XI.

LES MÊMES, *excepté* CÉSAR.

PAUL, *à part.* Oui, cours après ton Dureport; je t'aime mieux de loin que de près. (*Haut, à Julie.*) Eh bien! mademoiselle Julie, la peur s'est aussi emparée de votre esprit? c'est bien naturel. (*A Crédule.*) Monsieur Crédule, vos craintes ont un motif grave, je les partage ; mais je ne vous abandonnerai pas.

CRÉDULE. Bon jeune homme!

PAUL. Je ne suis pas spéculateur, moi; je n'ai qu'un but, fronder les sots, démasquer les hypocrites, mettre en évidence la vertu modeste et le mérite méconnu..... Aussi, je suis pauvre; je n'ai pas de valeurs fuyant vers la Belgique.

CRÉDULE. Oui, c'est vrai, vous êtes pauvre comme Job, et c'est un grand défaut, un très-grand défaut; sans cela.....

PAUL. Sans cela, je serais millionnaire !..... Oh ! tenez, monsieur, si vous vouliez, je serais le plus heureux des hommes; je ne vous demande rien, moi..... rien de votre fortune..... je ne vous demande pas de dot, rien..... rien que la main de votre fille !

AIR : *Muse des bois.*

Hélas! monsieur, je ne suis qu'un poëte,
Pauvre rêveur rempli d'illusions ;
Mais j'ai bon cœur, malgré ma folle tête,
Et j'ai surtout de nobles passions !
Je vous l'ai dit, monsieur, j'aime Julie.
Si je la perds, je n'ai plus qu'à mourir...
Sur son amour, seul espoir de ma vie,   } (*bis.*)
J'avais déjà construit mon avenir.

CRÉDULE. L'avenir..... et..... le treize juin !

PAUL, *à part.* Diable !..... (*Haut.*) Oui.... c'est vrai, le treize juin; mais, voyez-vous, ce n'est

peut-être pas très-sûr..... et, d'ailleurs, gardons-en l'espérance.

CRÉDULE. Oui; l'espérance..... Vous voulez m'attendrir en me rassurant, c'est impossible : je pourrais peut-être me rassurer, mais m'attendrir, jamais.

PAUL, *à part.* C'est ce que nous verrons. (*Haut.*) Alors je vous quitte et vous laisse à vos terreurs. Et vous, chère Julie !... je serai loin de vous dans ce moment terrible, et j'en gémirai sans pouvoir adoucir vos douleurs, sans les partager... Adieu ! (*En sortant, à Finette qui entre sur ces derniers mots.*) Ne laissez pas se dissiper ses craintes. (*Il sort.*)

SCÈNE XII.

CRÉDULE, JULIE, FINETTE.

FINETTE. Enfin, monsieur, qu'allons-nous devenir? Vous éloignez tous vos amis, et quand viendra ce fatal 13 juin...

CRÉDULE, *tressaillant.* Hein !... Và-t'en au diable !...

FINETTE. Au diable ! j'irai, et vous aussi, et tout le monde enfin.

CRÉDULE, *furieux.* Je te chasse si tu me parles encore de cela.

FINETTE. Vous me chassez, vous chassez monsieur Paul; je ne parle pas de votre César; oh ! celui-là, il a préféré courir après ses valeurs, comme il dit, que de rester pour vous consoler : alors qui donc soutiendra cette pauvre demoiselle? sera-ce vous, qu'un mot fait trembler?

CRÉDULE. Eh bien! oui, je tremble... on tremblerait à moins, je pense... Oh !... mais qui donc me sortira de cet état perplexe?... A celui-là, je donnerais la moitié de ma fortune; ce que j'ai de plus cher enfin.

FINETTE, *à part.* Bon !... il y vient. (*Haut.*) Votre fortune, monsieur, mais ce n'est pas un grand sacrifice ; car enfin, vous n'avez pas l'intention de l'emporter dans l'autre monde, et alors..

CRÉDULE. Tais-toi et va-t'en, vipère !...

FINETTE. Oui, je m'éloigne; et même je vais monter chez ce pauvre malade du sixième, voir s'il a besoin de quelque chose. Voyez-vous, monsieur, une bonne action sur la conscience ne peut être qu'un excellent passeport pour le grand voyage.

CRÉDULE, *hors de lui.* Va-t'en au diable, te dis-je !...

FINETTE. J'y cours. (*Elle sort.*)

SCÈNE XIII.

CRÉDULE, JULIE.

JULIE. Eh bien! mon père... vous repoussez monsieur Paul?...

CRÉDULE. Mais... puisque toi-même, tu ne veux pas te marier pour si peu.

JULIE, *timidement.* Oui, c'est vrai, je l'ai dit... (*Vivement.*) Mais j'ai réfléchi... et entre nous, mon père, je crois que monsieur Paul ne serait pas un mari bien embarrassant!

CRÉDULE. Monsieur Paul?... Un homme de rien, sans fortune; un misérable auteur qui ne pense qu'à chansonner les sots, et qui ne m'épargne pas, sans doute; à quoi donc as-tu songé?

JULIE, *d'un air mutin.*

AIR *de* Mlle *Garcin.*

Mais j'ai songé que, dans le mariage,
Ceux qui devaient surtout se convenir,
Étaient d'abord ceux qui, dans leur ménage,
Allaient fonder leur bonheur à venir.
Quant aux parents, comme, pour l'ordinaire,
Au tendre amour ils ne comprennent rien,
Ils devraient bien approuver et se taire;
C'est à la fille à choisir son soutien :
Je suis le leur, et moi je veux le mien!

CRÉDULE. Non, mille fois non! et si tu tiens tant à te marier, eh bien! je te donnerai à celui qui rendra le calme à mon esprit troublé, fût-ce même Ducordon, mon portier.

JULIE, *à part.* Par exemple!... (*Haut et avec câlinerie.*) Tenez, mon petit père, je désire tant votre repos, que j'y consentirais, si cette nouvelle pouvait vous le rendre.

CRÉDULE. Tu es une bonne fille... et quoi, même Ducordon?...

JULIE. Mon père, oui, même Ducordon! (*Elle embrasse son père et sort en courant par la gauche.*)

SCÈNE XIV.

CRÉDULE, *puis* DUCORDON.

DUCORDON, *en dehors.* Me voilà, monsieur; vous m'appeliez? (*Il entre et dit à part.*) Suivons les instructions de Finette.

CRÉDULE. Eh bien! Ducordon, vous venez de parcourir la ville, et j'espère que vous m'apportez de rassurantes nouvelles. Tous ces bruits sont faux; vous en avez acquis la preuve, sans doute?...

DUCORDON. Hélas! non... C'est plus vrai que jamais, à preuve que la lune se cache lorsqu'il y a des nuages; que le soleil luit lorsqu'il fait beau temps; que lorsqu'il pleut on est mouillé; que les malades qui ne guérissent pas meurent... et qu'enfin...

CRÉDULE, *impatienté.* Enfin, vous rabâchez.

DUCORDON. Ça peut être vrai, monsieur; mais, voyez-vous, j'ai l'esprit si troublé par ce que je viens de voir... Oh! une chose!... mais une chose!

Oh! c'est bien là un de ces signes précurseurs dont parle l'illustre astronome allemand.

CRÉDULE. Mais finirez-vous?...

DUCORDON. Que trop tôt, monsieur; car moi je ne suis pas pressé. Enfin voilà: j'ai vu le bourdon de Notre-Dame descendre tout seul sur le parvis, et s'y promener la canne à la main, comme un simple bourgeois. On dit que c'est par l'effet d'un tremblement de terre.

CRÉDULE. Un tremblement de terre!... Il devient fou! mais, malheureux, je n'en ai rien ressenti.

DUCORDON. C'est que nous sommes de l'autre côté de la Seine; mais ça viendra.

CRÉDULE. Allons donc! (*On entend parler au dehors. — A Ducordon.*) Allez voir qui est là, et dites que je n'y suis pas; je ne veux plus voir personne.

DUCORDON, *à la porte du fond.* Monsieur n'y est pas, c'est lui qui vient de me le dire.

SCÈNE XV.

LES MÊMES, CÉSAR, *il entre en repoussant Ducordon.*

CÉSAR. Allons donc!... estimable concierge; il n'y est pas; ce ne peut être pour moi. Cette consigne est pour ce Paul, ce faux littérateur; mais pour moi, un homme intelligent! fi donc! Voyez-vous, l'intelligence est tout ici-bas!

AIR : *Antiquaire savant.*

L'intelligence est tout,
Quand on n'a pas le sou!
Cela vaut de l'argent,
Si l'on s'en sert adroitement;
Car, voyez-vous dans le monde où nous sommes,
L'instruction a fait des pas si grands
Que bien des chiens sont savants comm' des hommes,
Et bien des homm's sont moins intelligents.

CRÉDULE.

Mais s'il en est ainsi,
Pourquoi venir ici?

DUCORDON.

Oui, son chien sûrement
Doit être plus intelligent.

(*Il sort.*)

CÉSAR. Quoi! vraiment, vous me feriez défendre votre porte?

CRÉDULE. Non, pas à vous pourtant... Voyez-vous, je suis dans un état tel que je ne voudrais voir personne; je ne veux plus même sortir, tant j'ai peur d'entendre répéter... Vous savez?...

CÉSAR. Oui, oui... toujours les mêmes billevesées; mais à propos, savez-vous que ce que m'a dit le petit Paul sur Dureport, mon agent, m'a fait une peur bien plus grande que la fin du monde?

CRÉDULE, *lui mettant la main sur la bouche.* Chut!... n'en parlons pas.

CÉSAR. C'est vrai; eh bien! revenons à notre affaire. Je suis maintenant plus riche que jamais; j'ai habilement profité de la peur des niais, j'ai acheté en baisse une foule de titres; et ma fortune est faite. (*Riant.*) Ah! ah! ah! L'intelligence, comme je vous le disais tout à l'heure, c'est la clef de tout. Ah! ah! ah!

CRÉDULE, *à part.* Il ose rire à la veille de... (*Haut.*) Toujours insouciant.

CÉSAR. Oui... mais cela ne me fait pas oublier la charmante Julie... A quand le mariage?

CRÉDULE. Ma foi, je vous avoue que votre gaieté me fait du bien, et que le désir de vous avoir toujours près de moi me décide à le presser. (*Sur ces derniers mots, Julie entr'ouvre la porte de gauche, puis entre.*)

SCÈNE XVI.

LES MÊMES, JULIE.

JULIE, *à part.* Ciel! (*Haut.*) Mais, mon père, vous savez que je vous ai promis d'être à celui-là seulement qui dissiperait vos craintes, et si monsieur n'a pas de raisons assez fortes, des preuves incontestables...

CÉSAR. Des preuves!... En est-il donc besoin pour détruire l'erreur la plus grossière qui soit jamais entrée dans le cerveau humain? Des preuves! mais elles sont dans la raison, dans la science... et... si la science se tait, qui donc vous les donnera ces preuves?

SCÈNE XVII.

CRÉDULE, JULIE, PAUL, FINETTE, CÉSAR, DUCORDON.

PAUL, *entrant sur les derniers mots de César, suivi de Finette puis Ducordon.* Moi, messieurs!...

TOUS. Lui!...

PAUL. Oui, moi, et vous allez voir. (*Il déploie un journal.*)

CÉSAR. Encore un journal! Sans doue quelque nouveau canard?

PAUL. Ecoutez!... (*Lisant.*) La Comète.

CRÉDULE. Encore! (*Il veut s'enfuir, Ducordon, qui entre, le retient.*)

PAUL. Rassurez-vous, c'est le titre du journal. (*Lisant.*) On écrit de Pékin. « Un savant astronome du céleste empire, ayant eu connaissance des prédictions faites par son collègue, l'illustre Choukcrouth et des terreurs qu'elles causaient à tous les magots, s'est livré à de sérieux travaux afin de rassurer ses compatriotes, et voici ce qu'il annonce comme certain. L'astrologue allemand n'est qu'un pékin, mais peu Chinois; sa comète n'est qu'une muscade qui ne tuerait pas même une mouche sur notre globe; ses effets se borneront à guérir les maris de la jalousie, les femmes de la coquetterie, les plaideurs des procès. Elle préservera les chiens de la rage, rendra les marchands plus honnêtes, et les portiers moins bavards, etc., etc. Notez bien qu'il ne s'agit que de la Chine; ici tout cela serait inutile. Enfin, le peuple des magots est à la joie; personne n'a plus peur, et les actions remontent; honneur donc au savant mandarin qui a si bien lu au ciel; félicitons-nous-en, car nous aussi nous serons épargnés. »

CRÉDULE. Oui, félicitons-nous... mais êtes-vous bien sûr?

PAUL. Comme si javais fait cette nouvelle moimême.

CRÉDULE. Oh! alors... (*Il tend la main à Paul.*) Oui, félicitons-nous.

DUCORDON. Félicitons aussi celui qui nous apporte une si heureuse nouvelle.

TOUS. Oui, oui...

CÉSAR. Oui... (*à Crédule*) et reprenons notre affaire.

JULIE, *à Crédule.* Mon père, rappelez-vous votre promesse.

Air *de la Promise.*

Rappelez-vous, mon bon père,
Ce que vous m'avez promis.

PAUL.

En votre bonté j'espère.

CÉSAR.

Pour moi, j'ai des droits acquis!

JULIE.

Et celui que mon cœur aime,
C'est Paul qui vous rassura...
Rassurez-le donc de même.

FINETTE, *à part.*

Ça finira p't'êt' par là!
Ah! ah!

CRÉDULE. Un instant, messieurs, je ne puis cependant faire, pour vous mettre d'accord, un jugement de Salomon: (*A César.*) Voyons, vous aviez ma parole, mais à lu; (*montrant Paul*) je lui ai fait une promesse *in extremis*, et ces promesses-là, il faut les tenir de préférence à toute autre; et puis, voyez, il ne demande rien, je ne puis donc rien lui refuser.

CÉSAR. Allons, je suis... Bah! je m'en consolerai en vendant tous mes titres dès que la hausse paraîtra.

PAUL, *à Julie.* Et nous, nous serons heureux, non du malheur des autres, mais en cherchant à l'adoucir.

CRÉDULE. Oui, mes enfants, soyez heureux: et... au diable la fin du monde! (*Au public.*) Pas la pièce!...

Air de la Corde sensible.

Balançoire!
Balançoire!
Que cette comète-là,
Nous aurons le temps d'y croire
Quand elle nous cognera.

DUCORDON.

Les théâtres à la ronde,
Comm' nous vont représenter
Un' pièce sur la fin du monde,
Mais vous pouvez leur chanter :
Balançoire!

FINETTE.

Que dit une jeune femme
Au jeune homme entreprenant
Qui veut lui donner son âme
Sans y joindre son argent?
Balançoire!

PAUL.

Banquiers à la bourse ronde,
Poètes aux goussets plats,
Si venait la fin du monde,
Dites, ne seriez-vous pas?
Balançoire!

CRÉDULE.

Les horloges électriques,
Partout se dressent en l'air;
Avec ces lantern's magiques,
On voit l'heure sans voir clair :
Balançoire!

JULIE.

Toujours une fille sage,
A qui chacun fait la cour
Sans parler de mariage…
Doit répondre sans détour :
Balançoire!

CÉSAR.

Chez tout le monde l'on danse
Les lanciers, nouveau ballet,
Où, sans lance, on se balance
Sur l'un et l'autre mollet :
Balançoire!

JULIE, *au public.*

Messieurs, si cette bluette
Vous a fait plaisir à voir,
A la queu' de la Comète
Ne dites pas, chaque soir :
Balançoire!

FIN.

Paris.— Typographie Morris et Compagnie, rue Amelot, 64.